EXPOSITION DE 1844.

DESCRIPTION DES ESQUISSES

EXPOSÉES

PAR AMÉDÉE COUDER.

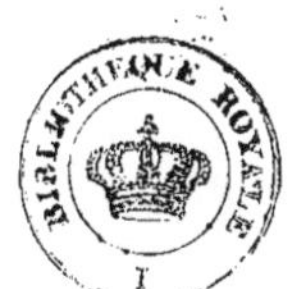

DESCRIPTION DES ESQUISSES

EXPOSÉES

PAR AMÉDÉE COUDER.

A cette époque où l'art et l'industrie s'unissent chaque jour d'une manière plus intime , les tapisseries historiques doivent renaître et surpasser en splendeur et en perfection leur magnificence des siècles derniers. La légende de Jeanne d'Arc est une simple esquisse pour servir en quelque sorte de spécimen du noble caractère qu'elles peuvent recevoir.

Les sujets principaux reliés entre eux comme une seule composition, se détachent sur un fond d'or qu'entoure une riche bordure intérieure simulant un bas-relief où se trouvent mariés dans une intention neuve, successivement, et selon le sujet en allant vers le ciel, le bronze, le fer, l'acier, l'or et l'ivoire.

Les phases principales de l'histoire de Jeanne d'Arc se déroulent ainsi dans cette composition, qui n'exigerait pas moins de quinze à vingt mètres de longueur, si les personnages devaient être de grandeur nature. Jeanne quitte ses parens, guidée par l'une des voix qui parlent à son ame. Elle arrive chez le seigneur de Baudricourt elle lui révèle la mission qu'elle doit accomplir. Il la conduit auprè

1844

du fils de Charles VI, qui, dépouillé de ses royaux insignes, et mêlé
à trois cents de ses chevaliers, veut éprouver si la fille des champs
est vraiment dirigée par une main divine. Jeanne va droit à lui en le
saluant de son *gentil sire*. Le roi veut continuer de feindre; mais il
est bientôt obligé de céder à la sainte conviction qui éclate dans le
regard, dans l'attitude, dans les paroles de la fille inspirée. Puis elle
est à Reims, elle assiste au sacre de Charles VII, et rend grâce à
Dieu de cet événement qu'elle considère comme la délivrance de son
pays.

C'est ensuite la prison où la retient avec un aveuglement haineux,
indigne de son saint ministère, un prélat qui vient, entouré de sol-
dats et la menace à la bouche, lui offrir la vie à la condition qu'elle
désavouera publiquement ses rapports avec le ciel, en déclarant
qu'elle n'a pu agir que par Satan. Jeanne reste fidèle à Dieu.

Alors, selon l'usage de ces temps où la courtoisie chevaleresque se
rencontrait si souvent à côté de la cruauté des siècles barbares, une
tribune féodale et un bûcher s'élèvent à la fois en regard l'un de
l'autre. Là, des ministres du Dieu de miséricorde, là, de hauts seigneurs, de nobles, de gracieuses dames, vont accourir dans leur
plus magnifique appareil assister, comme à un joyeux spectacle, au
dernier supplice de la jeune vierge.

A cette heure solennelle, l'humanité semble n'avoir trouvé de re-
fuge que dans le cœur du bourreau. Il n'accomplit qu'à regret son
affreuse mission; il demeure consterné. L'ame de la sainte monte
aux cieux sous la forme d'une blanche colombe.

L'encadrement intérieur représente au-dessus des armes de Rouen,
la ville où Jeanne a reçu le martyre, l'inquisition apprêtant les tor-
tures. Ici, tout est de bronze et de fer comme le cœur de ces hommes
sans pitié. A gauche, l'armée anglaise, vaincue par Jeanne, abandonne
le siége d'Orléans. A droite, Jeanne à la tête des Français est blessée

sous les murs de Paris. De chaque côté sur des nuages, comme aux temps héroïques, des habitans des cieux prennent part aux combats ; saint Denis et saint Georges protégent chacune des armées. Deux serviteurs de Dieu présentent la date de la naissance et de la mort de Jeanne d'Arc : 1410—1431.

Au centre est l'apothéose : deux anges, en lui donnant une couronne et une palme immortelles, conduisent aux pieds du roi suprême, celle qui vient de mourir pour sa patrie et pour son Dieu !

La Vision de saint Hubert.

Vers la fin du septième siècle, Hubert, seigneur d'Aquitaine, chassait au milieu d'une suite nombreuse et brillante, dans les vastes forêts des Ardennes. Tout-à-coup, le cerf qu'il poursuivait avec ardeur se retourne, s'arrête et lui reproche d'employer les jours qui lui sont comptés à verser sans besoin, avec joie et par orgueil, le sang d'une créature de Dieu, au lieu de glorifier et d'imiter la mansuétude de Jésus-Christ ! Hubert remarque qu'une croix lumineuse s'élève au-dessus du front de l'animal qu'il vient d'entendre ; il se précipite à bas de son cheval, tombe à genoux, et consacre sa vie au Sauveur.

Mais le sage enseignement ne servit qu'en cette occasion. Hubert, seul, avait vu le prodige ; les seigneurs continuèrent la chasse. De nos jours, l'habitant des bois doit encore, par son agilité, disputer sa vie au plaisir des hommes, et l'on a proclamé saint Hubert le patron des chasseurs !

La Forêt des Amours.

Cette composition explique assez par son titre, que l'auteur a cédé à une inspiration qui lui a paru gracieuse; c'est un caprice indiqué seulement.

L'encadrement rocaille mêle à des arabesques d'or, au chiffre, au blason de la noble famille à laquelle pourrait appartenir ce produit, des fleurs, des roses à profusion. De cette riche bordure, des arbres convergeant vers le centre y forment de leurs sommets réunis une sorte de rosace. C'est une percée à travers le feuillage qui laisse voir un ciel où se joue une troupe d'amours.

Aux angles et sur les points intermédiaires, sont répandus les épisodes de ce petit poème.

Là, c'est l'Amour vainqueur de la Force; il est assis triomphalement sur un lion enchaîné de roses; ici, c'est une embuscade de hardis voleurs, aux têtes blondes, aux ailes blanches, aux armes délicates et du plus pur métal. L'un cache sa flamme; celui-ci médite une ruse nouvelle; cet autre s'occupe à tracer quelques poétiques pensées; d'autres encore aiguisent leurs traits ou forment de perfides réseaux; tous attendent, tous guettent, tous conspirent contre les cœurs qui doivent traverser la dangereuse forêt.

Plus loin, un amour s'envole, un autre s'égare et, le bandeau sur la vue, cherche des deux mains la route qu'il doit prendre. Enfin, c'est la satiété, le sommeil du petit dieu; mais il ne peut être de longue durée; un autre amour l'éveille et fait naître de nouveaux désirs. Il va continuer sa course légère dans l'éternité.

Les Quatre Ages. — L'Abondance.

Une bibliothèque, un dressoir; l'un l'aliment de la pensée, l'autre, celui du corps, ne sont-ils pas deux sujets susceptibles d'occuper l'attention de quelques esprits?

Un vague besoin de sérieuses pensées se manifeste souvent au milieu des idées les moins graves. Il n'est rien que la méditation, jointe à un sentiment poétique, ne puisse revêtir de quelque noble image. Les Quatre Ages présentent inscrit, dans le cercle universel, le cercle plus ou moins étendu de chaque être. L'homme doit se plaire à y reconnaître le cadre mystérieux dans lequel Dieu l'a placé. Le dessin de cette bibliothèque est tracé sous la puissance de cette conviction. Les statues de marbre qui s'y montrent tout d'abord, représentent l'Enfance, l'Adolescence, la Virilité, la Vieillesse, et à la fois, la Grâce, l'Amour, la Force et la Sagesse. En contre-bas, des sculptures représentent l'Age d'or, l'Age d'argent, l'Age de bronze et l'Age de fer; au milieu, l'Éternité assiste aux destinées de l'univers. Dans la frise, l'Antiquité, le Moyen-âge, l'Époque actuelle et l'Avenir. Au couronnement, entre l'Enfance que l'Humanité trouve à ses premiers pas et l'Enfance qu'elle rencontre encore à ses derniers momens, la Vieillesse s'appuie sur l'Adolescence et la Virilité, et pour reporter la reconnaissance à celui qui a tout donné, au front de ce monument, le nom radieux du Créateur au milieu du signe de la Rédemption.

Le dressoir indique la marche des civilisations. La céramique de l'Inde et de l'Égypte, celle des Étrusques, des Grecs, des Romains, des Celtes... des premiers temps de la monarchie jusqu'à la belle époque du seizième siècle. L'orfévrerie délicatement œuvrée, les curieuses fantaisies du Japon, les suaves coquetteries du vieux Sèvres, les vidrecomes de la Bohême, les grès si fins, si azurés des Flamands, les rares émaux adaptés à des formes usuelles, et, sur les derniers degrés de cette échelle des âges, les mille séductions de l'art moderne. La gracieuse aiguière, la coupe voluptueuse, semblent appeler sur leurs bords, par des perles et par des rubis, les folles idées que renferment les précieux flacons.

La construction de ce meuble présente à sa base des matériaux durables, le marbre et le bronze. La matière devient plus riche à mesure qu'elle s'élève; ce sont les bois précieux, les incrustations d'or, d'argent, d'ivoire et de nacre. Les glaces, dont le fond est entièrement tapissé, doublent les merveilles qui les approchent; l'éclat des lustres, des girandoles, en complète la magnificence.

La Nature sauvage.

En faisant le dessin de la Forêt vierge, si merveilleusement exécutée par M. Ch. Sallandrouze-Lamornaix, l'auteur a pensé qu'en plaçant au milieu d'une luxuriante végétation, un combat d'animaux terribles, il y ajouterait un puissant intérêt.

Le tigre, vaincu par le lion, mortellement déchiré, va tomber; il cherche à se retenir, et sa griffe crispée pénètre profondément dans le corps d'un immense boa; celui-ci se dresse, pousse un cri de vive douleur qui, mêlé aux rugissemens effroyables des deux combattans, jette l'épouvante. Les oiseaux, les animaux paisibles fuient de toutes parts. Un lynx, comme tous ceux qui savent mettre un désastre à profit, s'élance à la poursuite d'une gazelle éperdue. Le hibou et le vautour seuls, comme les deux témoins de ce duel, sont restés impassibles; mais déjà ce dernier agite ses ailes joyeusement; il sent qu'il va recevoir une proie à dévorer.

Fantaisie.

L'auteur a profité de la liberté qu'autorise le style du dix-huitième siècle pour éviter la régularité, la froideur de l'ornementation. Un compartiment placé au centre s'équilibre avec ceux des angles ; mais aucun n'est semblable ; un même jet les enroule dans un mouvement général.

Le corps d'ornement en or contient sur une partie gondolée, comme une large moulure, un velours bleu brodé d'arabesques d'argent. Des médaillons s'opposent au rapprochement des grands rinceaux. Ils offrent des saillies de velours cramoisi recouverts de réseaux également d'argent. A travers tout cet ensemble, des fleurs largement répandues, les roses trémières, les magnolias, les grandes pivoines, jettent au centre l'éclat de leur riche végétation.

La bordure entendue dans le même rapport, découpe à chacun de ses angles un quart de rosace à fond d'or où s'enlacent des plantes aux vives couleurs (1).

Cadres renfermant les esquisses des Cachemires exécutés pour l'Exposition.

Le type indien a été maintenu ; mais l'auteur s'est attaché à trouver des dispositions d'un aspect neuf, des détails gracieux et une magnificence d'ensemble que l'Orient n'ait jamais présenté dans ses plus riches tissus.

Dans toutes ses productions pour l'industrie des cachemires, l'auteur, en exécutant la mise en carte, fait l'application de la théorie qu'il a publiée il y a dix ans. Elle consiste à démontrer que l'on trace dans l'Inde des courbes toujours pures, et que c'est la mauvaise exécution seule qui produit les contours brisés. Des dessins pour

(1) Ces deux derniers dessins appartiennent à M. Ch. Sallandrouze-Lamornaix. Lour exécution en tapis n'a pu être terminée pour l'exposition.

châle, tracés et peints par les Orientaux, arrivés en 1841, ont rendu incontestable l'exactitude de cette découverte.

Vases sacrés et Ornemens sacerdotaux proposés pour la Cathédrale de Paris.

Le temps a ruiné notre vieille cathédrale. Ses murs lézardés, ses statues mutilées, son caractère monumental, et par-dessus tout, la vénération dont l'entoure les souvenirs nationaux; tout sollicite pour elle le chrétien, le Français, l'habitant de Lutéce.

C'est pour nous une mère majestueuse qui, sans être déchue de son noble caractère, voit sa robe noircie et tombant en lambeaux, lorsqu'elle devrait prendre part à l'éclat, à la prospérité de ses enfans! Il est impossible qu'un état, si contraire à la dignité du pays, et en même temps à la conviction qui ramène chaque jour davantage aux idées saintes, puisse subsister longtemps encore !

Le jour, prochain sans doute, où les murs de Notre-Dame recevront un digne vêtement, n'en faudra-t-il pas un aussi pour les ministres qui, du pied de ses autels, vont demander à Dieu de répandre sur le prince et sur la patrie toutes les joies, toutes les magnificences qu'il daigne accorder à la terre dans sa miséricorde infinie !

C'est dans cette vue, c'est pour cette époque, que sont esquissées les compositions des parties principales nécessaires à la pompe religieuse.

Le caractère distinctif de l'édifice a dû se réfléter jusque dans les moindres détails, sans nuire à la nouveauté des formes, et sans exclure la physionomie que notre siècle doit imprimer à ses œuvres.

Le dais n'a plus cette forme carrée si peu en harmonie avec l'art chrétien ; c'est une sorte de cathédrale toute d'or, de velours et d'hermine, et sous laquelle l'archevêque et quatre prélats entourent la sainte Eucharistie.

La bannière de la Vierge, de la plus grande proportion, se développe en trois lobes dans la forme d'une ogive renversée. Elle est toute de soie blanche, d'or et d'azur. L'Immaculée est représentée au milieu, répandant sur le monde des rayons de foi et d'amour. Une frise découpée à jour et surmontée d'une riche galerie de plumes, forme un diadème à la mère du Sauveur, à la reine du ciel.

Les chapes, les dalmatiques, ne sont plus faites de ces étoffes fortes jusqu'à la raideur. C'est bien un tissu d'or, le plus riche brocard ; mais il est souple comme le satin, ses plis ondoient et concourent à la noblesse de l'hermine dont ils sont doublés.

Les figurines qu'on y remarque, toutes d'un symbole évangélique : la Foi, l'Espérance, la Charité, saint Michel terrassant le démon, sont de petites statuettes d'or dues aux plus habiles ciseaux, et rattachées à l'étoffe. L'art du brodeur s'associant au tissu, produit des saillies où s'enchâssent, avec la discrétion d'un goût éclairé, les perles, les rubis, les émeraudes, les améthystes, les diamans mêmes.

Les vases sacrés, les encensoirs, les flambeaux, tout de vermeil ou entièrement d'or, devraient également compléter les splendeurs de l'art par l'éclat des pierreries.

Les chapes de chantres, dans le même rapport de richesse, conservent la forme du manteau tombant jusqu'aux dalles ; mais la chape de l'archevêque serait longue et dignement portée.

Sur ce vêtement, pour lequel seraient réservées les dernières magnificences, est représentée la création. Adam et Ève, au milieu des éblouissantes merveilles de la nature, savourent avec délice le bonheur d'être! L'aigle prend son essor dès que l'homme commence à penser. Le lion, le castor sont à ses pieds, comme symboles de la puissance et de l'industrie; des bleds, des raisins s'élèvent ou pendent à ses côtés. Ève, dans une délicieuse quiétude, cueille une rose dont elle va parer son front, et par le sentiment d'une pudeur native, se voile de sa longue chevelure. Les symboles de la grâce et de la pureté sont autour d'elle. Mille oiseaux répandent dans les airs leur joie et l'éclat de leur plumage. L'arbre de science, mystérieux et terrible, offre à la fois le bien et le mal; des plantes vénéneuses et des fruits bienfaisans. De son sein s'élèvent les rameaux du peuplier, image du faisceau de l'humanité.

Mai 1844.

Amédée COUDER.

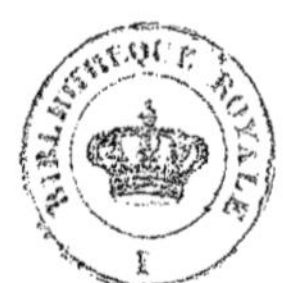

Imprimerie de BRUNEAU, rue Croix-des-Petits-Champs, 33.